ammann

Marcel Reich-Ranicki

Marcel Reich-Ranicki
Herz, Arzt und Literatur
Zwei Aufsätze

Ammann Verlag

24.-28. Tausend, 1998

ISBN 3-250-01025-1

Fachleute für menschliche Leiden

Anmerkungen zu einem Thema ohne Grenzen:

Der Arzt und die Literatur
oder
Die Rebellion gegen die Vergänglichkeit

Die Medizin ist unter den menschlichen Torheiten eine der ärgsten. Zwar können die Ärzte die Krankheiten unterscheiden und benennen, «doch was das Heilen betrifft, davon haben sie keine Ahnung». Deshalb sterben die meisten Menschen nicht an ihren Leiden, sondern an den Medikamenten.

Derartiges ist in einer der großen Komödien der Weltliteratur zu lesen, in Molières «Eingebildetem Kranken», uraufgeführt 1673. Heute freilich fällt es etwas schwer, sich über das berühmte Stück zu amüsieren. Denn wir sind natürlich viel klüger geworden – und so wissen wir auch, daß jener Argan, der seiner Umwelt und sich selber das Leben zur Hölle macht, weil er sich fortwährend einbildet, krank zu sein, tatsächlich schwer krank ist und von schrecklicher Todesangst gequält wird. Er leidet an chronischer Hypochondrie, er ist wohl ein Neurotiker.

Aber der geniale Franzose hat die Mediziner mit dieser Komödie nicht nur verspottet; er hat sie auch auf ungeheuerliche Weise herausgefordert. Er wagte es, seinen bedauernswerten Helden erklären zu lassen: «Der Molière ist doch ein unverschämter Kerl ... Wenn ich Arzt wäre – ich würde mich schon rächen, und wenn er krank würde, dann ließe ich ihn ohne Hilfe sterben.» Und er selber sprach diese Worte, denn er spielte den Argan – der Hypochonder gehörte zu seinen Lieblingsrollen.

Allerdings war er in dieser Rolle nur viermal zu sehen. In der vierten Aufführung wurde aus dem Spiel unversehens Ernst: Molière, der einen angeblich gesunden Menschen darzustellen hatte, war in Wirklichkeit todkrank. Im dritten Akt brach er zusammen und starb kurz darauf – im Kostüm des «eingebildeten Kranken». Noch der Tod des Komödienschreibers und leidenschaftlichen Komödianten mutet wie ein theatralischer Effekt an, wie ein glänzender Gag, nur eben ein makabrer.

Von Ärzten ist in der Literatur seit eh und je die Rede. Es gibt sie im Alten Testament und, noch häufiger, im Neuen. Viele Priester fungierten als Heilkundige, Jesus hat sich gelegentlich als Arzt verstanden und sogar so bezeichnet. Ärzte kommen bei Homer vor, bei Sophokles und bei Aristophanes. Von Ärzten hören wir im Nibelungenlied und erst recht in den großen Epen des Wolfram von Eschenbach und des Gottfried von Straßburg.

Auch war es damals, als Molière seine Lustspiele schrieb, längst üblich, über die Mediziner und solche, die als Mediziner gelten wollten, herzuziehen und sie dem Gelächter des Publikums auszusetzen. Er folgte einer schon alten Tradition des Theaters und der Literatur und übernahm ohne Reue nicht wenige zu Klischees erstarrte Vorstellungen. In unzähligen Schwänken, Farcen und Fastnachtsspielen sowie in allerlei Epigrammen und Lehrgedichten wurden die Ärzte, kaum daß die Gutenberg-Presse erfunden war, als Nichtskönner und, schlimmer noch, als geldgierige Betrüger attackiert und verhöhnt.

Die originellsten deutschen Satiriker des 15. und des 16. Jahrhunderts, Thomas Murner etwa und sein noch bedeutenderer Vorgänger, Sebastian Brant, der Autor des «Narrenschiffes», hielten die Ärzte in der Regel für Scharlatane und sogar für Mörder. Und so blieb es lange Zeit: Beinahe immer war der Medikus ein aufgeblasener Wichtigtuer, der seine Unfähigkeit und seine Verantwortungslosigkeit mit würdevollem Habitus und mit vielen, meist lateinischen oder griechischen Vokabeln zu verschleiern suchte.

Warum ist dieses Bild so böse und düster, warum wurde der Arzt als Geck ausgegeben, als eine niederträchtige oder zumindest lächerliche Figur diskreditiert? Gogol hat seiner Komödie «Der Revisor» ein altes russisches Sprichwort als Motto vorangestellt: «Beschimpfe nicht den Spiegel, wenn dein Gesicht schief ist.» So suche man auch in diesem Fall die Schuld nicht bei der Literatur, vielmehr beim erbärmlichen Zustand der damaligen Heilkunde. Alle haben unter ihr gelitten, alle waren früher oder später auf jene angewiesen, die vorgaben, den Kranken helfen zu können. Erst mit der Entwicklung der Medizin im späten 18. Jahrhundert veränderte sich auch das Bild des Arztes in der Literatur – doch nicht gleich und nicht unbedingt zu seinen Gunsten.

Im frühen 19. Jahrhundert finden wir im Roman und wenig später auch im Drama eine neue Figur: Der geschwätzige Kurpfuscher, der den Patienten nur ausbeuten will, und der eitle Pseudowissenschaftler, der ihn ebenfalls nicht heilen kann, werden nun von dem mehr oder weniger gebildeten, doch stets ehrgeizigen Mediziner abgelöst, in dem das alte Unglück auf andere Weise Urständ feiert. Denn auch ihm ist an der Genesung des Kranken nur wenig gelegen: Dieser ist für ihn bloß das Objekt einer so dubiosen wie skurrilen Forschung.

Der Held des Romans «Doktor Katzenbergers Badereise» von Jean Paul bezieht alles im Leben auf sein Spezialgebiet, die Anatomie. Immer und überall sucht er Mißgeburten und spart weder Geld noch Zeit, um Monstrositäten aufzutreiben; sie sollen seiner Wissenschaft dienen. Fragt sich nur, ob diese Wissenschaft noch dem Menschen nützt oder vielleicht nur Selbstzweck ist. Jean Paul sah schon 1809 die verheerenden Folgen einer zwar passionierten, doch gar zu radikalen Arbeitsteilung, eines so gefährlichen wie inhumanen Spezialistentums. Zumindest ist Doktor Katzenberger, so will es mir scheinen, der erste medizinische Fachidiot der deutschen Literatur.

Kein Zweifel, dieser Arzt ist eine abstoßende Figur. Gleichwohl hat der Anatom Johann Friedrich Meckel aus Halle 1815 sein Werk über Mißgeburten Jean Paul gewidmet und ihm ausdrücklich für die Gestalt des Doktor Katzenberger gedankt. Hat er sie mißverstanden? Ich glaube es nicht. Der Mann aus Halle mag richtig bemerkt haben, daß die bewußte Entstellung, die Karikatur, ein wichtiger und keineswegs destruktiver Faktor der Literatur ist. Daß sich also hinter Jean Pauls scharfer Kritik, hinter seinem grimmigen Spott nichts anderes verbirgt als das Positive – nämlich der Wunsch nach einer anderen Wissenschaft, die Hoffnung auf eine, wenn ich so sagen darf, humane Humanmedizin. Dieser Doktor Katzenberger hatte in der deutschen Literatur der ersten Hälfte des vorigen Jahrhunderts zahlreiche Nachfolger; den vielleicht berühmtesten zeichnete knapp und prägnant ein Autor, der sich 1836 in Zürich als Privatdozent für vergleichende Anatomie habilitiert hatte: Doktor Georg Büchner. Der im Mittelpunkt seines «Woyzeck» stehende Soldat und Barbier wird von einem fanatischen Mediziner, der auf der Suche nach «interessanten Fällen» ist und der sich um «unsterblichste Experimente» bemüht, nicht behandelt, sondern mißhandelt. Solche Ärzte mußten damals eine regelrechte Plage sein. 1823 meinte Ludwig Börne: «Es sterben viel weniger Menschen an der Schwindsucht, Wassersucht und Trommelsucht . . . als an der Systemsucht der Ärzte. Das ist gewiß die traurigste aller Todesarten, wenn man an einer Krankheit stirbt, die ein anderer hat!»

Der skrupellose, der unmenschliche, der schließlich verbrecherische Arzt, der sich im 19. Jahrhundert von der Systemsucht treiben läßt und der sich in unserem Jahrhundert den grausamsten Anordnungen der totalitären Staaten bereitwillig fügt, wird nun zum Topos der Literatur, zumal, wie könnte es anders sein, der deutschen. Aber es wäre falsch, wollte man sagen, es habe sich damit wieder einmal ein negatives Bild des Mediziners eingebürgert.

Beinahe gleichzeitig taucht nämlich in Romanen und Erzählungen ein Arzttyp auf, der als Gegenfigur zu Jean Pauls Katzenberger und dem Doktor aus dem «Woyzeck» verstanden werden kann. In seiner Novelle «Die Sängerin», 1827 erschienen, läßt der heute zu Unrecht fast vergessene Wilhelm Hauff einen Medizinalrat sagen, ein Arzt habe mehr zu tun, als nur den Puls zu fühlen, Wunden zu verbinden und Mixturen zu

Jean Paul Friedrich Richter

Heinrich Heine

verschreiben. Vielmehr sei es seine Aufgabe, auch «den inneren Puls der Seele» zu hören und sich der Wunden anzunehmen, die niemand sehen könne.

Von nun an bewähren sich die Ärzte immer häufiger als gütige Freunde der Patienten, als deren Vertraute und intime Berater. Das Pendel schlägt also nach der entgegengesetzten Seite aus: Jene, über die man sich früher mokiert hatte, werden nun ohne Pardon verherrlicht – auch von den besten Schriftstellern der Epoche. Der Held der Erzählung «Die Mappe meines Urgroßvaters» von Adalbert Stifter ist ein edler Arzt, der sich ganz und gar seinem Beruf widmet: «Ich hatte jetzt niemanden mehr als meine Kranken, und es schien mir in dem Augenblick, als warteten sie alle auf mich.» Und der Schweizer Epiker Jeremias Gotthelf, der im Auftrag der Berner Regierung einen Roman gegen die Gefahren der Kurpfuscherei (und zwar einen hochbeachtlichen) geschrieben hatte, stellte den Arzt in einer Doppelfunktion vor: Er sollte beides auf einmal sein – ein zuverlässiger Naturwissenschaftler und ein feinfühliger Seelsorger.

Bald zeigte es sich, daß der realistische Roman des 19. Jahrhunderts ohne die Figur des Arztes gar nicht mehr auskommen konnte. Ob bei Balzac oder Zola, bei Dickens oder Thackeray, Tolstoi oder Dostojewski – überall treten Mediziner auf, und nahezu immer wird ihnen, auch wenn es Nebenpersonen sind, doch eine wichtige Rolle zugedacht. Das gilt in vielleicht noch höherem Maße für das Drama des ausgehenden 19. und beginnenden 20. Jahrhunderts, also für die Bühnenwerke Hauptmanns und Schnitzlers, Ibsens, Strindbergs und Tschechows.

Woher rührt diese auffallende, diese deutlich zunehmende Vorliebe der Schriftsteller? Und warum erscheint der Arzt, von seltenen Ausnahmen abgesehen – eine solche ist Flauberts biederer und einfältiger Charles Bovary – jetzt in einem eher günstigen Licht und wird auch da, wo er wenig sympathisch ist, in der Regel respektvoll behandelt?

Zunächst einmal: In der zweiten Hälfte des vorigen Jahrhunderts entfaltete sich die Medizin besonders schnell, ihr Ansehen und ihre Geltung wuchsen von Jahr zu Jahr. Damit hängt es zusammen, daß sich für den Romancier wie den Dramatiker der Arzt als eine ideale, eine beinahe unersetzbare Gestalt erwies: Was sie ihren Zeitgenossen zu sagen hatten, ließen sie ihn aussprechen. Warum? Weil er die Humanität und den Fortschritt verkörpert? Weil er ganz unmittelbar das Gebot der Nächstenliebe verwirklicht und sich infolgedessen wie kaum ein anderer auch gegen dieses Gebot vergehen und versündigen kann? Nicht nur.

Den Schriftsteller reizte vor allem die Synthese, die gerade der Mediziner auf so augenscheinliche Weise personifiziert, nämlich die Einheit von Moral und Vernunft, von moderner Naturwissenschaft und schlichter Menschlichkeit. Hinzu kam ein Umstand ganz anderer Art. Der Arzt genießt eine hohe gesellschaftliche Anerkennung und ist, ähnlich wie der Geistliche, eine Vertrauensperson, mit dem Unterschied freilich, daß er sich nicht auf Metaphysisches stützt, sondern auf rationale, auf überprüfbare Einsichten. Es entsprach also dem Geist der Zeit, wenn sich im ausgehenden 19. Jahrhundert immer mehr Menschen nicht mehr auf den Geistlichen verlassen mochten, sondern auf den Arzt. Dies aber ermöglichte gerade ihm tiefe Einblicke in die Gesellschaft, auch und gerade in deren intimste Bereiche.

Ebendeshalb konnten die Schriftsteller den praktizierenden Medizinern hervorragende Menschenkenntnisse zuschreiben: sie beförderten sie zu Individuen, die ihre Mitbürger oft in moralischer und intellektueller Hinsicht übertreffen und sie auch noch durchschauen, die deren Lebenslüge erkennen und benennen. Mit anderen Worten: In der Literatur dieser Epoche ist der Arzt fähig und berufen, die Gesellschaft zu kritisieren und zu entlarven. In Ibsens Drama «Ein Volksfeind» deckt ein Badearzt auf, daß Industrieabwässer die Wasserleitung der ganzen Stadt verseuchen, und kämpft vergeblich gegen diesen Mißstand – das Stück wurde übrigens 1882 verfaßt. Überdies lassen sich am Beispiel von Ärzten, von deren Entscheidungen oft genug Leben und Tod von Patienten abhängen, ethische Konflikte in dramatischer Zuspitzung demonstrieren. In Bernard Shaws Komödie «Der Arzt am Scheideweg» diskutieren mehrere Mediziner über die Frage, welchen Patienten der Direktor der Lungenklinik, in der neue Methoden erfolgreich angewendet werden und in der nur noch ein Bett frei ist, aufnehmen soll – einen redlichen, aber sehr mittelmäßigen Armendoktor oder einen genialen, wenn auch moralisch verkommenen Maler. In Arthur Schnitzlers «Professor Bernhardi» verweigert der Direktor einer Privatklinik einem katholischen Priester den Zutritt zu einer sterbenden jungen Frau, die sich, im Zustand der Euphorie, für genesen hält: Der Arzt will ihr die Todesangst ersparen.

Soll man dem Todkranken, dem Sterbenden die Wahrheit sagen und ihn also seiner letzten Illusionen berauben? Die Literaturgeschichte kennt da einen Fall, der zu denken gibt. Der siebzigjährige Theodor Storm erzählt in seiner Novelle «Ein Bekenntnis» die Geschichte eines Arztes, der seine geliebte Frau vergiftet, um sie von den Qualen eines vermeintlich unheilbaren Krebsleidens zu erlösen. Nur ein halbes Jahr später wird bei Storm Magenkrebs diagnostiziert. Er will wissen, wie es um ihn bestellt ist, man sagt es ihm, er bricht zusammen und ist nicht mehr arbeitsfähig, eine begonnene Novelle bleibt liegen. Man beschließt, ihn zu belügen: Drei Ärzte versichern, es habe sich um eine Fehldiagnose gehandelt, von Krebs sei keine Rede – Storm glaubt es und schafft es noch, an seiner Novelle weiterzuarbeiten und sie kurz vor seinem Tod zu vollenden. So haben wir diesen Medizinern, die zur bewußten Irreführung bereit waren, den «Schimmelreiter» zu verdanken.

Bisweilen kann ein kluger Arzt einem Schriftsteller ohne Medikamente und ohne Betrug helfen. Fontane, der in seinen Romanen Ärzte mehrfach glänzend porträtiert hatte, war im Alter von 72 Jahren in eine schwere Krise geraten – nicht zuletzt deshalb, weil er überzeugt war, ihm stehe, da sein Vater in diesem Alter gestorben war, der Tod unmittelbar bevor. Ein Psychiater diagnostizierte «hochgradige Gehirnanämie» und empfahl dringend die Unterbringung des Kranken in einer Nervenheilanstalt.

Aber der Hausarzt der Familie, Sanitätsrat Wilhelm Delhaes, wußte eine andere Therapie. Er verzichtete beinahe ganz auf Medikamente und riet Fontane, eine größere Arbeit, in der er steckengeblieben war, nicht mehr fortzusetzen und sich statt dessen einer leichteren schriftstellerischen Aufgabe zu widmen. Ob er nicht seine Lebenserinnerungen aufzeichnen wolle? «Fangen Sie gleich morgen mit der Kindheit an.» Der Patient folgte dem überraschenden Rat: So entstand das Buch «Meine Kinderjahre».

Später nahm er sich wieder jenes Werkes an, das ihm vorher unüberwindliche Schwierigkeiten bereitet hatte und das möglicherweise die eigentliche Ursache der ganzen Krise war: Er schrieb es nun ohne Unterbrechung zu Ende. Wir haben allen Anlaß, des weisen Berliner Arztes Wilhelm Delhaes dankbar zu gedenken; denn ohne ihn hätten wir wohl kaum einen der schönsten Romane, die je in deutscher Sprache geschrieben worden sind: «Effi Briest».

Dem Sanitätsrat Delhaes mag der kluge Arzt in diesem Roman nachgebildet sein – der Geheimrat Rummschüttel, der sich von der jungen Effi Innstetten, geborene Briest, nicht irreführen läßt und sofort lächelnd erkennt, daß sie gar nicht richtig krank ist, sondern lediglich eine Krankheit vortäuscht. Er empfiehlt denn auch eine Therapie ohne Risiko: «Ruhe und Wärme.» Rummschüttel in «Effi Briest» und Sponholz im «Stechlin» repräsentieren noch den in der Literatur des 19. Jahrhunderts so beliebten Typ des Hausarztes, der Erfahrung mit Humor verbindet und sich meist noch als ein souveräner Plauderer

Wilhelm Hauff

Theodor Storm

bewährt. Aber im «Stechlin» hat Fontane auch schon den Gegentyp eingeführt: den modernen Mediziner, der sachlich und tüchtig ist, doch nicht mehr soviel Zeit und soviel Herz für seine Patienten hat wie seine etwas betulichen Vorgänger.

Und im zwanzigsten Jahrhundert, genauer: in der Epoche nach dem Ersten Weltkrieg? Sind die Schriftsteller nach wie vor an Ärzten als Figuren von Dramen, Romanen oder Erzählungen interessiert? Nein, das trifft nicht ganz zu; dies mag im ersten Augenblick verwundern, hat indes triftige Gründe.

Neu ist es nicht, doch muß man es immer wieder sagen: Zu den entscheidenden Faktoren der modernen Literatur gehört die Negation. Anders ausgedrückt: Die Ziele, die den Dichtern vorschwebten, konnten sie nur noch auf Umwegen erreichen. Sie verschwiegen Gefühle. Um Gefühle zu provozieren. Sie erfanden den Anti-Helden und das Understatement. Um dem Heroischen und dem Pathos gerecht zu werden. Sie wandten sich dem Surrealen zu. Um der Realität willen. Sie verfremdeten das Leben. Um es zu vergegenwärtigen. Sie zeigten das Absurde. Um die Vernunft herauszufordern. Sie ließen den Wahnsinn ausbrechen. Um den Sinn kenntlich zu machen.

So übt denn auch alles Pathologische auf die Literatur unseres Jahrhunderts eine außerordentliche

Anziehungskraft aus. Gerade das Krankhafte soll das Wesen des Menschen verdeutlichen, gerade das Anomale soll uns die Fragwürdigkeit dessen zeigen, was wir für normal zu halten gewohnt sind. Neurosen und auch Psychosen werden immer häufiger zu Gegenständen literarischer Darstellung, Sanatorien und Spitäler dienen als Schauplätze – von Thomas Manns «Zauberberg» bis zu Max Frischs «Stiller». Die Szene Thomas Bernhards bevölkern Wahnsinnige und Neurastheniker, er ist ein hartnäckiger Sänger des Verfalls und der Auflösung, seine Romane und Erzählungen sind allesamt Krankheitsgeschichten. Dennoch und trotz des unzweifelhaften Faktums, daß der Medizin in unserer Epoche, zumindest in den zivilisierten Ländern, immer mehr Bedeutung im Leben des Individuums zukommt, ist die Person des Arztes für die Schriftsteller bei weitem nicht mehr so attraktiv wie im vergangenen Jahrhundert. In Goethes «Natürlicher Tochter» heißt es:

So wendet voll Vertrauen zum Arzte sich
Der tief Erkrankte, fleht um Linderung,
Fleht um Erhaltung schwer bedrohter Tage.
Als Gott erscheint ihm der erfahrne Mann.

Spiegelt sich in diesen schon 1803 geschriebenen Versen bloß die Verehrung, die in manchen primitiven Völkern dem Medizinmann entgegengebracht wurde? Oder hat Goethe bereits den Nimbus geahnt, den der Arzt, zumal der erfolgreiche, erheblich später genießen durfte, jenen Nimbus, der bald den Charakter eines leichtsinnigen, wenn nicht anstößigen Mythos gewann?

Die modernen Schriftsteller hatten und haben damit nichts zu tun. Es kommt ihnen nicht in den Sinn, den Arzt mit irrationalen Attributen auszustatten, ihnen erscheint «der erfahrne Mann» nicht als Gott. Er wird oft ironisiert, doch nur noch selten karikiert, er wird in der Regel weder glorifiziert noch persifliert, sondern eher nüchtern betrachtet als ein naturwissenschaftlich ausgebildeter Spezialist, also kaum anders als der Chemiker oder Physiker, der Ingenieur oder Mathematiker. Den Mythos von den «Göttern in Weiß» haben die Trivialromane verschuldet und natürlich auch und vor allem der Film. Und die einst immer wieder kritisierte Moral der Ärzte? Bernard Shaw, der sie ein Leben lang verspottete, hielt es dennoch für angebracht, kühl und sachlich zu konstatieren: «Was die Ehre und das Gewissen der Ärzte betrifft, so haben sie davon so viel wie jede andere Menschengruppe, nicht mehr und nicht weniger.»

Aber wir sollten nicht vergessen, daß sich die Mediziner um die deutsche Literatur der letzten hundert Jahre wie kein anderer Berufsstand verdient gemacht haben. «Ich kenne keine bessere Schulung für den Schriftsteller», behauptete Somerset Maugham, «als einige Jahre den Beruf eines Arztes auszuüben.» Tatsächlich ist es der Literatur in hohem Maße zugute gekommen, wenn sich schriftstellerisches Talent und medizinische Erkenntnis miteinander vereinten. Und wann immer die Medizin klug genug war, sich um den Zusammenhang von physischen und psychischen Leiden zu kümmern, konnte sie ausgiebig von der Literatur profitieren.

Arthur Schnitzler war rund zehn Jahre als Arzt tätig, bevor er sich ganz und gar der Literatur widmete. Aber – meinte er – «wer je Mediziner war, kann nie aufhören, es zu sein». Für ihn selber gilt dies mit Sicherheit: Ein großer Teil seines schriftstellerischen Werks steht unter dem unmittelbaren Einfluß seiner medizinischen Einsichten und Erfahrungen. Die frühesten Veröffentlichungen Schnitzlers sind wissenschaftliche Arbeiten, wie die 1889 gedruckte Abhandlung «Über funktionelle Aphonie und deren Behandlung durch Hypnose und Suggestion». Seine fünf Jahre später publizierte erste größere Prosaarbeit, die Novelle «Sterben», ist nahezu eine klinische Studie der Persönlichkeitsveränderungen im Bild zweier Menschen – eines an der Tuberkulose unheilbar erkrankten Mannes und seiner Geliebten – sowie der durch diese Krankheit ausgelösten und wachsenden Entfremdung zwischen den beiden.

In seiner 1900 erschienenen Novelle «Leutnant Gustl», dem ersten epischen Werk der deutschen Literatur, das sich rigoros auf die Ausdrucksmittel des inneren Monologs beschränkt, registriert Schnitzler die verborgenen Gefühle und spontanen Reaktionen, die flüchtigen Gedanken und die scheinbar belanglosen Erinnerungen seines jungen Helden: die Assoziation ist hier oberstes Gesetz. Aus all dem entsteht ein psychologisches Porträt, in dem die vernichtende Kritik der Gesellschaft, zu deren Produkten Gustl gehört, bereits in dessen minutiös wiedergegebenem Bewußtseinsstrom enthalten ist. Damit hatte der Erzähler Schichten des Unterbewußtseins aufgedeckt und fixiert, die noch nie in einer literarischen Arbeit dargestellt worden waren.

Wie aber sind diese künstlerischen Bemühungen vom Standpunkt der Wissenschaft zu beurteilen, der Medizin also, der Psychologie? 1922 schrieb Sigmund Freud an Arthur Schnitzler: «Ich habe immer wieder, wenn ich mich in Ihre schönen Schöpfungen vertiefe, hinter deren poetischem Schein die nämlichen Voraussetzungen, Interessen und Ergebnisse geglaubt, die mir als die eigenen bekannt waren ... So habe ich den Eindruck gewonnen, daß Sie durch Intuition – eigentlich aber infolge feiner Selbstwahrnehmung – alles das wissen, was ich in mühseliger Arbeit an anderen Menschen aufgedeckt habe. Ja, ich glaube, im Grunde Ihres Wesens sind Sie ein psychologischer Tiefenforscher . . .»

Ein leidenschaftlicher Arzt war auch Alfred Döblin. Er hatte schon mehrere, zwar nicht sonderlich erfolgreiche, doch immerhin beachtete Romane und Erzählungsbände veröffentlicht, als er 1927 ausdrücklich erklärte: «Ich werde, wenn die Umstände mich drängen, eher, lieber und von Herzen die Schriftstellerei . . . aufgeben als den inhaltsvollen, anständigen, wenn auch sehr ärmlichen Beruf eines Arztes.»

Ähnlich wie Schnitzler publizierte auch er zunächst medizinische Arbeiten, vorwiegend aus dem Bereich der Psychiatrie und der Neurologie. Döblin befaßte sich mit diesen Themen so systematisch, daß man annimmt, er habe damals, noch in der Zeit des Kaiserreichs, eine wissenschaftliche Laufbahn angestrebt. Schon seine frühen epischen Arbeiten sind in unverkennbarem Zusammenhang mit diesen medizinischen Studien entstanden. Seine 1910 zuerst gedruckte Novelle «Die Ermordung einer Butterblume» dringt mit ganz anderen Mitteln, als sie Schnitzler angewandt hatte, ebenfalls in die tiefsten Schichten des Unterbewußten vor und zeigt sowohl die Voraussetzungen als auch die Symptome und Folgen eines schizophrenen Schubes.

Theodor Fontane

Arthur Schnitzler

In einer autobiographischen Aufzeichnung berichtet Döblin: «Ich fand meine Kranken in ihren ärmlichen Stuben liegen; sie brachten mir auch ihre Stuben in mein Sprechzimmer mit. Ich sah ihre Verhältnisse, ihr Milieu; es ging alles ins Soziale, Ethische und Politische über.» So betrachtete Döblin seine Kassenpatienten wie Romanfiguren – und die Personen, die sein episches Universum bevölkern, wie Patienten. Seine täglichen Erlebnisse als Armenarzt lieferten ihm den Stoff für sein Meisterwerk, den Roman «Berlin Alexanderplatz». Der stilprägende Einfluß, den dieses Buch auf die Erzählweise der deutschen Romanciers nach 1945 ausgeübt hat, läßt sich nur mit dem Kafkas vergleichen. Döblin hatte dies 1938 vorausgesehen: «Man lernt von mir und wird noch mehr lernen.» In der Tat: Arno Schmidt und Uwe Johnson, Wolfgang Koeppen und Günter Grass – sie alle haben von ihm gelernt.
Aber die Medizin hat nicht nur die deutsche Prosa revolutioniert, sondern auch die Lyrik – und dies ist vor allem das Werk eines Mannes, der rund vierzig Jahre lang als Facharzt für Haut- und Geschlechtskrankheiten tätig war: des Doktor Gottfried Benn. Mit dem Gedichtzyklus «Morgue» hatte er um 1912 die Zeitgenossen, sofern sie ihn überhaupt zur Kenntnis nahmen, schon durch die Stoffwahl empört – und diese hatte sein bürgerlicher Beruf bestimmt.

Noch unlängst beschworen die Dichter den Himmel und die Erde und betteten die Liebenden und die Leidenden unter schönen Wolken und auf grünen Wiesen, noch unlängst besangen sie den totgesagten Park, den Sommer, der sehr groß war, und den Frühlingswind, der durch kahle Alleen läuft. Davon wollte der junge Benn nichts wissen. Seine Gedichte spielen in einer anderen Welt, schon ihre Titel deuten es an: «Saal der kreißenden Frauen» oder «Mann und Frau gehn durch die Krebsbaracke». In dieser Lyrik dominieren Verfall und Verwesung, ihren düsteren Hintergrund bilden das Leichenschauhaus und der Sektionssaal. Man hat Benn die Technik des sezierenden Chirurgen nachgesagt; ob das nun zutrifft oder nicht – jedenfalls steht seine Dichtung im Zeichen der Medizin; und dies gilt für deren Motive und Wortschatz ebenso wie für ihre Perspektive.

Ohne Arthur Schnitzler, Alfred Döblin und Gottfried Benn – dies ist keineswegs übertrieben – läßt sich die moderne deutsche Literatur überhaupt nicht mehr denken. Daß es in diesem Jahrhundert noch viele andere schreibende Ärzte gibt – von Ernst Weiß bis Hans Carossa –, sei nur am Rande erwähnt.

Schopenhauer sagte, der Jurist sehe den Menschen in seiner ganzen Schlechtigkeit, der Theologe in seiner ganzen Dummheit und der Arzt in seiner

ganzen Schwäche. Genau dies hat der Arzt mit dem Schriftsteller gemein. Denn wenn es ein Wort gibt, das die Werke der Weltliteratur miteinander verbindet, dann ist es die Vokabel «Krise». Werther und Wallenstein, Hamlet, der Prinz von Dänemark, und Friedrich, der Prinz von Homburg, die Karamasows und die Buddenbrooks – immer wieder zeigt uns die Literatur das Individuum im Zustand der Krise.
Natürlich, der Arzt und der Schriftsteller – sie haben unterschiedliche Aufgaben und Möglichkeiten, doch die einen wie die anderen sind Fachleute für menschliche Leiden. Die einen wollen diese Leiden beschreiben, erkennbar und bewußt machen, die anderen wollen sie verdrängen und vertreiben oder zumindest verringern. Indem sie heilt, korrigiert die Medizin die Natur, sie widersetzt sich dem Lauf der Welt. Die Literatur kann niemanden heilen, gewiß, aber wer erzählt, wer dichtet, will die Zeit aufhalten und das Geschehene erhalten; wer Romane verfaßt oder Theaterstücke, widersetzt sich dem Chaos und der Willkür.
Der Arzt und der Schriftsteller – sie rebellieren gegen die Vergänglichkeit. Sie haben stets das gleiche Ziel vor Augen: die Verteidigung des Lebens. Und einen gemeinsamen Feind: den Tod. So darf man denn sagen, daß sie Geschwister sind – die Medizin und die Literatur.

Das Herz –
der Joker der deutschen
Dichtung

Mit dem Herzen hat es eine eigene Bewandtnis. Es ist – sagt der Prophet Jeremias – «das Herz ein trotzig und verzagt Ding; wer kann es ergründen?» Ohne das Herz, weiß jedes Kind, kann niemand existieren. Nur stellt sich meist heraus, daß gerade die herzlosen Menschen lange und gut leben. Man kann sein Herz verschenken: «Ich schenk' mein Herz nur dir allein» – singt die Madame Dubarry in Millöckers Operette. Man kann sich auch ein Menschenherz als Geschenk wünschen, ohne deshalb der Grausamkeit bezichtigt zu werden. Aus dem «Notenbüchlein für Anna Magdalena Bach» kennen wir ja das wunderbare Lied, das mit den Worten beginnt: «Willst du dein Herz mir schenken, / so fang es heimlich an . . .» Bisweilen sind jene Menschen besonders glücklich, die ihr Herz verschenkt oder die es ganz einfach verloren haben, beispielsweise in Heidelberg.

Verwunderlich ist auch, was das Herz alles vermag. Denn es kann schlagen und klopfen, pochen und hämmern, es kann zittern und flattern, aber auch schmachten und jubeln, es kann stillstehen, aber auch aufwachen und erglühen, es kann stokken und versagen, brechen und zerspringen. Das Herz kann sich an sehr verschiedenen Orten befinden, mitunter sogar gleichzeitig. Man kann es auf der Zunge haben, aber es kann einem auch in die Hose rutschen. Es kann einem im Leibe lachen, aber sich auch im Leibe umdrehen. Man kann es auf dem rechten Fleck haben, aber auch stehlen und erobern.

Man kann sich ein Herz fassen, aber auch sein Herz an jemanden hängen. Man kann seinem Herzen Luft machen und ihm einen Stoß geben, es kann einem ein Stein vom Herzen fallen. Man kann etwas auf dem Herzen haben und ein Kind unter dem Herzen tragen.

Man kann die Zwietracht, zumal die deutsche, mitten ins Herz treffen. Und wes das Herz voll ist – wir wissen es aus der Bibel –, des kann der Mund übergehen. Und da man sich einer Sache mit halbem Herzen zuwenden kann, läßt es sich offenbar auch halbieren. Natürlich kann man aus seinem Herzen eine Mördergrube und, häufiger noch, keine Mördergrube machen. Auch kann man jemanden in sein Herz schließen, ja, dort ist so viel Platz, daß sich sogar ein ganzer Chor ins Herz schließen läßt. Und weil das Herz, wie man schon im Mittelalter zu wissen glaubte, eben verschließbar ist, kann es gewisse Schwierigkeiten und auch Möglichkeiten geben – nämlich mit dem Schlüssel. In einem der ältesten und schönsten deutschen Liebesgedichte, in jenem, das aus nur sechs Versen besteht und mit den Worten beginnt: «Du bist min, ich bin din: / Des solt du gewis sin», ist die oder der Geliebte im Herzen verschlossen, zu dem es ein Schlüsselein gibt; aber es ist abhanden gekommen, und so muß sie oder er immer darin, im Herzen also, bleiben.

Es gibt kaum ein Substantiv, das die Menschen, jedenfalls in Europa, so häufig und in so vielen Verbindungen gebrauchen wie dieses eine: das Herz. Es gibt auch kaum ein Eigenschaftswort, das man nicht früher oder später mit der Vokabel «Herz» gekoppelt hätte. Ein Herz kann warm und weich sein, treu und traurig, klein und kalt, heiß und hart, gütig und großzügig, stolz und steinern. Kurz: Es kann alles sein. Groß ist auch die Zahl der deutschen Adjektive, die aus dem Wort «Herz» gebildet wurden. Wir sprechen von barmherzigen, engherzigen und hartherzigen, von herzlichen und herzhaften, von herzlosen und herzgläubigen Menschen.

Mehr noch: Das Herz, ein Körperteil, kann seinerseits, so wollen es manche Dichter, und nicht die schlechtesten, ebenfalls Körperteile haben, zumindest Knie. Jedenfalls schrieb Kleist am 24. Januar 1808 an Goethe, dem er das erste Heft des «Phoebus» zuschickte: «Es ist auf den ‹Knien meines Herzens›, daß ich damit vor Ihnen er-

scheine.» Allerdings hat Kleist die Wendung «Knien meines Herzens» mit Anführungszeichen versehen.
Woher stammen diese Worte? Wir wissen es nicht, doch wurde vermutet, er habe jenen Autor zitiert, den die Schriftsteller am liebsten zitieren – nämlich sich selbst. Denn in seiner «Penthesilea» heißt es: «O du, / Vor der mein Herz auf Knien niederfällt . . .» Es kann aber auch sein, daß Kleist – fleißige Germanisten haben es nachgewiesen – artigerweise seinen Adressaten zitiert hat, dem diese Wendung schon in frühen Jahren unterlaufen ist. Nur hat auch Goethe die «Knie des Herzens» keineswegs erfunden, es gab sie schon bei Petrarca. Und auch dieser hat sie entliehen, nämlich aus der Bibel.

Was immer das Herz betrifft oder mit dem Herzen zusammenhängt – es hat eine lange, eine uralte Tradition. Seit die Menschen denken und ihre Gedanken ausdrücken und notieren konnten, war für sie das Herz ungleich mehr als nur ein Muskel. Und so unterschiedlich die alten Völker das Herz beurteilt haben, so wurde ihm doch stets eine zentrale Funktion zugesprochen.
Klare, wenn auch falsche Vorstellungen von der Funktion des Herzens hatten die alten Ägypter: Sie waren überzeugt, in ihm sei das Gewissen des Menschen untergebracht. Daher haben sie auch,

um sich von der Redlichkeit eines Verstorbenen zu überzeugen, dessen Herz gewogen: Je schwerer es war, desto besser war sein Charakter. Die Chinesen wiederum glaubten, das Herz sei das intellektuelle Zentrum des Menschen. Auch die alten Griechen, Aristoteles zumal, haben das Herz keineswegs unterschätzt: Sie hielten es für das wichtigste Organ des Körpers, sie waren sicher, daß alle anderen von ihm abhingen. Aber zugleich meinten sie, in ihm sei die Seele des Menschen zu finden.

Und die Liebe? Schon in dem berühmten «Gilgamesch», dem vor über viertausend Jahren entstandenen babylonischen Nationalepos, hat das Herz mit der Liebe zu tun. So wird hier in einer eindeutig erotischen Episode ein Jäger von einer hübschen Frau, offensichtlich einer Hure, zärtlich betreut: «Er wurde» – lesen wir – «heiter, und sein Herz war voll Freude . . .»

Doch sind derartige Verweise in der alten Literatur nur selten, nur in Ausnahmefällen zu finden: Noch hat man erotische Gefühle keineswegs, wie immer wieder in späteren Zeiten, dem Herzen zugeschrieben. Und dies gilt, trotz der aristotelischen Lehre von der Allmacht des Herzens, auch für das alte Griechenland. Erst aus dem dritten vorchristlichen Jahrhundert stammt eine bemerkenswerte, wenn nicht gar bahnbrechende Geschichte.

Es geschah, daß der Sohn des Königs von Syrien, der Kronprinz Antiochus, schwer erkrankt war. Niemand konnte ihn heilen. Da ließ der alte König den berühmten Arzt Erasistratos rufen. Dieser untersuchte und beobachtete den Patienten sorgfältig und fand heraus, daß dessen Puls besonders schnell ging, sobald er seine Stiefmutter, die junge und schöne Königin zu sehen bekam. Die Diagnose des Arztes lautete: Der Kronprinz sei herzkrank, doch heilbar. Er leide an der Liebe zur Stiefmutter. Sein Vater war klug und wollte nichts von König Philipps Glück. Er verzichtete also auf seine jugendliche Gemahlin, und der Kronprinz wurde gesund und glücklich: Die Don-Carlos-Tragödie fand in Syrien nicht statt.
Erasistratos, der also bestimmte Herzleiden zu heilen vermochte, war natürlich kein Kardiologe, vielmehr ein Arzt, der sich vor allem auf die psychischen Ursachen der Erkrankungen verstand. Seitdem sind über zweitausend Jahre vergangen, und in der Dichtung ist, schon seit dem frühen Mittelalter, von dem Herzen die Rede. Aber in der Regel sind es nicht die Kardiologen, die den Helden der Literatur helfen könnten.
Nicht etwa, daß die Ärzte angesichts dieser Leiden überflüssig wären. Im Gegenteil, auch und gerade jene Menschen, von denen wir in Romanen, in Dramen und Gedichten hören, bräuchten oft die Mediziner. Patienten sind sie allemal, nur

Thomas Mann

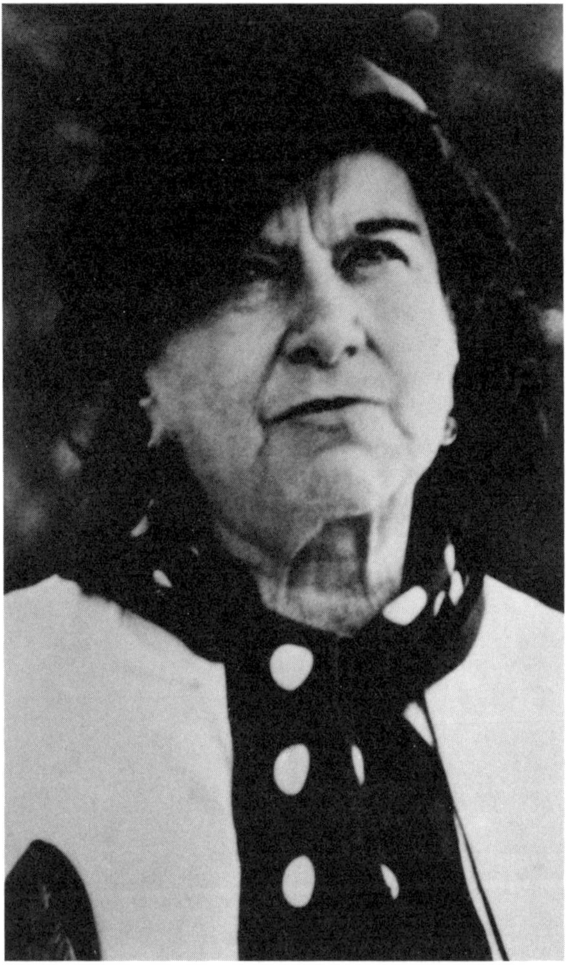

Else Lasker-Schüler

fallen ihre Krankheiten wohl eher in die Kompetenz der Psychotherapeuten, wenn nicht gar der Psychiater. Sicher ist jedenfalls, daß schon in den ältesten deutschen Dichtungen, in den Epen des neunten Jahrhunderts, auf «Herz» «Schmerz» gereimt wurde und daß diesen Schmerzen nicht die Ärzte ihre Einkünfte verdankten, sondern die Literaten.

Wenn das Herz keine Leiden bereitete, zahllose Gedichte wären ungeschrieben geblieben und viele Romane und Dramen ebenfalls. Das Motto der Deutschen Herzstiftung – «Hab ein Auge auf dein Herz» – ist gewiß ein guter Spruch, ein notwendiger Appell an uns alle. Nur an eine Adresse braucht man ihn nicht zu richten: an die Literatur. Ja, mir will es scheinen, daß sich viele Jahrhunderte hindurch die Dichtung mehr um das Herz gekümmert hat als die Medizin. Und heute wird den Schriftstellern bisweilen vorgeworfen, daß sie sich allzu intensiv und extensiv mit dem eigenen Herzen, mit der eigenen Person beschäftigen.

In alten Zeiten wurde allerdings in deutschen Ländern das Herz, wenn man der Literatur trauen kann, oft gegessen. So hat, der «Edda» zufolge, Siegfried das Herz des Riesen Fafnir verspeist und dadurch die Sprache der Vögel erlernt; bei Richard Wagner wird dieser aus linguistischen Gründen erforderliche Konsum deutlich eingeschränkt: Hier genügen, um das Vogelidiom zu erlernen, schon einige Blutstropfen. Im «Atlilied» geht es noch barbarischer zu: Gudrun setzt ihrem Gatten, dem König Atli, auch Attila genannt, die Herzen ihrer Kinder zur Mahlzeit vor. Aus dem frühen Mittelalter wird noch von einem anderen Herzkonsum berichtet, der mir, bei aller Grausamkeit, doch etwas zweideutig scheint. Es seien, heißt es, Hexen oft ausgeflogen, um sich an Männerherzen gütlich zu tun: Sie rissen ihren Opfern das Herz aus dem Leibe, um es zu verschmausen. Sonderbarerweise blieben aber die Männer, denen das Herz auf diese Weise entwendet wurde, am Leben. Jene Hexen mögen verwerflich gewesen sein, ob sie auch abstoßend waren – dessen bin ich nicht so sicher. Ich kann mich des Eindrucks nicht erwehren, daß sie der feschen Lola ähnelten, die im «Blauen Engel» dem guten Professor Unrat aus Lübeck das Herz geraubt hat und auch den Verstand.

Sicher ist jedenfalls, daß niemand im Laufe der Jahrhunderte herzgläubiger war als die Dichter. Den Vermutungen oder Einsichten oder auch Irrtümern der Wissenschaft zum Trotz besangen sie das Herz als das Organ, in dem nahezu alle menschlichen Affekte ihren Ursprung haben sollten – nur wenige, und meist eher unangenehme, wurden anderen Organen zugewiesen, so etwa der Galle.

Keiner der großen mittelhochdeutschen Epiker und Lyriker kann auf die Vokabel «Herz» verzichten, sie ist das Schlüsselwort der höfischen Poesie. In Gottfried von Straßburgs «Tristan» kommt das Wort «Herz» allein im Prolog fast dreißigmal vor. Aber für Gottfried ist dieser Körperteil mehr als der Sitz der Gefühle und der Leidenschaften. Er beherbergt zugleich die Kraft, die die Welt in Bewegung setzt und hält: Das Herz ist für ihn das Zentrum des Lebens.

Daran hat sich nicht mehr viel geändert: Etwa bis zur Mitte des neunzehnten Jahrhunderts kreist die deutsche Dichtung um das Herz. Und kaum ein Autor, der nicht noch einmal den Lesern den ältesten, den beliebtesten und vielleicht auch schönsten deutschen Reim offerieren würde, jenen, der schon im Spätmittelalter, im fünfzehnten Jahrhundert, von Oswald von Wolkenstein erweitert wurde, nämlich zu dem Dreireim «Herz-Schmerz-Scherz».

Seinen Höhepunkt erreicht der Herzkult der deutschen Literatur im achtzehnten Jahrhundert – im Sturm und Drang ebenso wie in der Zeit der Klassik. Das Herz ist gleichsam das Sammelbekken aller sinnlichen Triebe und aller idealistischen Bestrebungen. Doch bei keinem der großen Dichter spielt es eine so wichtige, eine so zentrale Rolle wie bei Goethe.

Er nannte das Herz den «jüngsten, mannigfaltigsten, beweglichsten, veränderlichsten, erschütterlichsten Teil der Schöpfung». Wie man sieht, hat er mit Beiworten nicht gespart. Aber was heißt denn das eigentlich – der mannigfaltigste, der beweglichste, der veränderlichste Teil der Schöpfung? Die Formulierung findet sich in einer der naturwissenschaftlichen Schriften Goethes. Dennoch fällt es schwer, ihr Exaktheit nachzurühmen. Der mannigfaltigste oder der veränderlichste Teil der Schöpfung – das kann viel bedeuten oder auch nichts.

Tatsache ist, daß die Vokabel «Herz» wie kaum ein anderes deutsches Wort oft zu leeren Phrasen verleitet – und nicht nur die schwachen Dichter, sondern bisweilen auch die größten, so eben Goethe. Im «Götz von Berlichingen» äußert sich der Diener Franz emphatisch über die Schönheit des Fräuleins Adelheid. Sein Herr, Weislingen, bemerkt kühl: «Du bist drüber gar zum Dichter geworden.» Hierauf Franz: « So fühl' ich denn in dem Augenblick, was den Dichter macht, ein volles, ganz von *einer* Empfindung volles Herz!»

Dies aber ist, mit Verlaub, barer Unsinn: Würde ein «ganz von *einer* Empfindung volles Herz» schon ausreichen, um das Individuum in einen Dichter zu verwandeln, wir könnten uns vor lauter Dichtern gar nicht retten. Das volle Herz haben die Poeten oft genug mit ihren Lesern gemein, was aber jene von diesen unterscheidet, ist eben nicht die Empfindung, sondern die Fähigkeit, sie auszudrücken. Natürlich hat Goethe das gewußt, doch wenn er das Wort «Herz» gebrauchte, ließ seine Selbstkontrolle ein wenig nach.

Man mag einwenden, daß er, als er den «Götz» schrieb, noch jung war. Aber auch der alte Goethe, der Autor des zweiten Teils des «Faust», liebte die Herz-Phrasen. Beeindruckt von der Redeweise des Lynkeus, fragt Helena: «So sage denn, wie sprech' ich auch so schön?» Und Faust belehrt sie: «Das ist gar leicht, es muß von Herzen gehn.» Wenn das schon genügte, wir könnten uns auch vor lauter Meistern der Rhetorik nicht retten.

Wie bedenklich der Umgang unseres Goethe mit dem Wort «Herz» ist, zeigt vielleicht am deutlichsten eine berühmte und auf ihre Weise herrliche Szene aus dem ersten Teil des «Faust». Ich meine jenes Gespräch in Marthens Garten, in dem Gretchen, ein wenig altklug und etwas aufdringlich, wissen möchte, wie Faust es mit der Religion halte, ob er an Gott glaube. Die Frage ist klar und ganz und gar unmißverständlich, die Antwort eher nebulös und auf jeden Fall ausweichend: Er habe keinen Namen dafür. Gefühl sei alles: «Name ist Schall und Rauch / Umnebelnd Himmelsglut.» Dies sagt Faust just in dem Augenblick, da er Gretchen eben doch mehrere Namen zur Auswahl angeboten hat: «Nenn's Glück! Herz! Liebe! Gott!»

Wie also? Ist das Herz etwa ein Synonym für Glück, für Liebe und auch noch für Gott? Sollte das Herz ein Allerweltswort sein, das nahezu alles symbolisieren kann, also gleichsam der Joker der deutschen Sprache, der deutschen Dichtung?
Wer Goethe und vielen seiner Zeitgenossen und Nachfolger derartiges vorwirft, sollte allerdings bedenken, daß es sich hier um ein nicht nur deutsches Übel handelt, sondern um eine Art Zeitkrankheit. Bei Rousseau, um nur dieses eine Beispiel anzuführen, gibt es das Wort «Herz» so häufig, daß man ihm nachgesagt hat, er gebrauche es immer dann, wenn er ein Phänomen überhaupt nicht erklären könne. Sicher ist: Das Herz, das war der Ausdruck für alles Unbegreifliche, für alles Unfaßbare.

So wird es auch verständlich, daß die neue Generation, die der Romantiker, dem Herzkult mißtraute, ohne sich indes von ihm ganz lösen zu können. Wenn die Romantiker vom Herzen sprachen, dann meist von dem der Frau. Vom eigenen zu reden galt, wenn es nicht eindeutig ironisch gemeint war, als sentimental und pathetisch oder gar – ganz anders als in der Zeit des jungen Goethe – als schlechthin lächerlich.
Für Shelley war es ein konventionelles, ein längst abgestandenes Motiv: Er verhöhnte die Dichter, die das Moor und die felsigen Gebirgsseen besan-

gen und auch «the heart of man», das Herz des Menschen. Alfred de Musset äußerte sich über die Verwendung des Wortes «cœur» in der Poesie – das sich übrigens im Französischen ebenfalls auf «Schmerz», auf «douleur» also, reimt – geradezu verächtlich. Wenn es in seinen Versen überhaupt vorkommt, dann eher als «steriles Herz».

Und wie ist es um das Herz bei Heine bestellt? Folgt auch er der Mode der Spätromantiker? Wird auch in seiner Dichtung das noch kurz zuvor beliebteste Symbol der Liebe verspottet oder ausgespart? Keineswegs. So gewiß Heine der Zweifler und Skeptiker unter den deutschen Romantikern war, so wenig war er bereit, sich in seiner Lyrik von dem traditionellen Herzsymbol zu trennen. Das Herz gehört zu den zentralen Motiven seiner frühen Dichtung.

Es zeigt sich, daß auch bei ihm – wie bei Goethe – das Herz alles ausdrücken kann, daß er es mit allem vergleicht, etwa, ein wenig überraschend, mit dem Meer. Warum gleicht das Herz dem Meer? Auch in seinem Herzen gebe es – lesen wir im «Buch der Lieder» – «Sturm und Ebb' und Flut, / und manche schöne Perle in seiner Tiefe ruht». Wie man sieht, dient auch bei Heine die Vokabel «Herz» als Joker im Spiel der Poesie. Allerdings ist in Heines Lyrik das Herz nicht mehr – wie beim jungen Goethe – ein fröhliches, ein den Dichter ermunterndes und häufig zu amourösen Abenteuern anspornendes Organ. «Es schlug mein Herz, geschwind zu Pferde!» – hieß es in den Sesenheimer Liedern. Das Herz Heines hingegen ist wund und krank, es bricht und blutet, in ihm verbirgt sich «meist Angst und Weh». Und während Goethe enthusiastisch rufen konnte: «In meinem Herzen welche Glut!», spricht Heine von einer Schlangengrube: «Ich trage im Herzen viel Schlangen / Und dich, Geliebte mein.»

Aber da für Heine das Herz letztlich doch nicht mehr war als eben poetisches Spielmaterial, hatte er wenig Lust, die fast schon konventionelle Alternative – Herz oder Geist – noch einmal aufzugreifen. Es ist eine uralte Alternative, ihre Wurzeln mag man in der Bibel suchen, doch keiner hat sie mehr popularisiert als – wieder einmal – Goethe.

Schon im «Werther» findet sich das (doch nicht ganz überzeugende) Bekenntnis: «Was ich weiß, kann jeder wissen. Mein Herz habe ich allein.» Und in «Dichtung und Wahrheit» verkündet und begründet er den Primat des Herzens: « . . . Da uns das Herz immer näher liegt als der Geist und uns dann zu schaffen macht, wenn dieser sich wohl zu helfen weiß, so waren mir die Angelegenheiten des Herzens immer als die wichtigsten erschienen.»

Auch Schiller liebt es, das Emotionale gegen das

Rationale auszuspielen, das Herz also gegen den Verstand; jedenfalls lässt er seine Figuren derartige Sprüche recht häufig aufsagen. Max Piccolomini entgegnet seinem Vater: «Dein Urteil kann sich irren, nicht mein Herz.» Und in «Wallensteins Tod» erklärt der Kommandant von Eger: «Das Herz und nicht die Meinung ehrt den Mann.» Ähnliches hört man auch von den Autoren des Jungen Deutschland, wenn nicht von Heine, so doch von seinem großen Bundesgenossen und Widersacher, von Ludwig Börne, der nicht zögert, zu behaupten: «Nicht der Geist, das Herz macht frei.»

Indes wären wir fahrlässig, wollten wir vergessen, daß es noch eine andere deutsche Tradition gibt. An ihrer Spitze steht kein geringerer Mann als Martin Luther. Er hatte wenig Vertrauen zum Urteil des Herzens: Es sei – meinte er – wie das Quecksilber, «das jetzt da, bald anderswo ist, heut also, morgen anders gesinnt.»
Von den vielen deutschen Schriftstellern, die in den folgenden Jahrhunderten glaubten, vor dem Herzen als dem Symbol unkontrollierter Gefühle warnen zu müssen, sei jener vor allem zitiert, vor dem sich zu verneigen wir immer wieder Anlaß haben: «Das Herz redet uns gewaltig gern nach dem Maule» – bemerkt ganz nüchtern Franziska, die gescheite Kammerzofe des Fräuleins von

Barnhelm. Und bei Hegel ist gar vom «Brei des Herzens» die Rede, der die «Architektonik der Vernünftigkeit des Staates» gefährde.
Doch wer weiß, ob nicht klüger als alle, die immer wieder für das Herz oder den Geist plädierten, unser Fontane war, der von dieser Alternative nichts wissen wollte und statt dessen die Synthese empfahl: «O, lerne denken mit dem Herzen / und lerne fühlen mit dem Geist.»
Als Fontane dies schrieb, da war es freilich um das Herz in der Literatur nicht mehr gut bestellt: Es war in der zweiten Hälfte des neunzehnten Jahrhunderts, kaum daß man es merkte, in die Zuständigkeit der Trivialautoren übergegangen. Von den Schriftstellern, die auf sich hielten, wurde es nur noch wenig beachtet – vielleicht deshalb, weil sie sich von den Naturwissenschaftlern, den Physiologen zumal, überzeugen ließen, daß die Gefühle des Menschen im Gehirn lokalisiert seien und eben nicht im Herzen.
Im Mittelpunkt der großen Romane dieser Jahrzehnte stehen Frauen, die an ihrer Sehnsucht leiden. Wonach sehnen sie sich? Heute reden die Frauen alle von der Selbstverwirklichung, der fehlenden natürlich. Das Wort kannte man damals nicht, die Frauen waren indes ebenfalls auf der Suche, nur nach etwas anderem. Emma Bovary, Anna Karenina, Effi Briest – sie sehnten sich nach Liebe. Und vielleicht hatte diese Sehnsucht

doch etwas mit Selbstverwirklichung zu tun. Wie auch immer: Das Herz ließ man lieber unerwähnt.
Fontane war Deutschlands größter Romancier der langen Epoche zwischen Goethe und Thomas Mann. Aber vor dem Hintergrund des europäischen Romans war er nun doch, es läßt sich nicht verschweigen, ein Nachzügler. Als er seine «Effi Briest» veröffentlichte, da schien die Zeit der einsamen und unglücklichen Ehefrauen, die sich von ihren allzu trockenen oder engstirnigen Gatten wegsehnten, schon vorbei zu sein, da wurden andere Typen modern, Vamps und Femmes fatales, raffinierte Genießerinnen und teuflische Verführerinnen, jedenfalls Frauen, für die wichtiger als die Erotik die Sexualität war – von Strindbergs Fräulein Julie über Oscar Wildes Prinzessin Salome bis zu Wedekinds kreatürlicher Lulu. Es waren herzlose Frauen oder doch zumindest solche, die als herzlos gelten wollten.

Das Herz hatte sich, so absonderlich dies klingen mag, ganz einfach überlebt. Die Psychoanalyse ignorierte es konsequent und später auch der Existentialismus. Wenn es in der deutschen Lyrik unseres Jahrhunderts noch eine große Rolle spielte, dann in den Versen der Expressionisten. So ist denn auch einer der Teile der «Menschheitsdämmerung», der immer noch grandiosen

expressionistischen Anthologie aus dem Jahre 1919, «Erweckung des Herzens» betitelt.
Das Herz besingen vor allem jene Expressionisten, die keine Angst vor dem Pathos haben und sich von der Sprache der Bibel anregen lassen – Ivan Goll etwa oder Franz Werfel. Am häufigsten hören wir vom Herzen im Werk einer skurrilen und exzentrischen Frau, die sich genötigt sieht, im Mystischen und in der Ekstase Zuflucht zu suchen – im Werk der Else Lasker-Schüler. Sie dichtet «Dein Herz ist ein Wirbelwind.» Und: «Kinder sind unsere Herzen, / Die möchten ruhen müdesüß.» Das Herz – das ist gleichsam der rote Faden ihrer Poesie und zugleich deren blaue Blume. Sogar die autobiographischen Aufzeichnungen der Else Lasker-Schüler tragen den ebenso schlichten wie anspruchsvollen Titel «Mein Herz».
Gewiß taucht das Herz auch in den Versen anderer bedeutender Lyriker unseres Jahrhunderts auf, bisweilen in einem überraschenden, in einem wunderlichen Zusammenhang, so bei Rilke, der von den «Bergen des Herzens» spricht. Aber ein Dichter, der unserem Zeitgefühl näher steht als die Lasker-Schüler, als Rilke oder Werfel, ein Dichter wie Gottfried Benn ließ das Herz, wenn man so sagen darf, links liegen. Obwohl Benn Arzt war? Nein, vielleicht gerade deshalb, weil er Arzt war und sich daher am wenigsten Illusionen bezüglich des Herzens machen konnte.

Erich Kästner

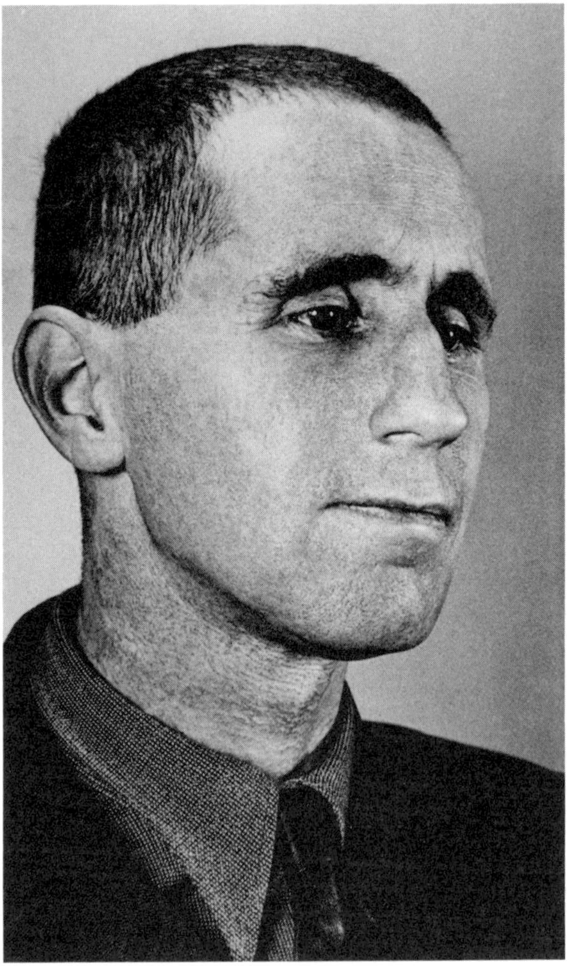

Bertolt Brecht

Brecht wiederum benennt und beschreibt die Körperteile seiner Geliebten gern. Doch sind es meist solche unterhalb der Gürtellinie. Wo er die Vokabel «Herz» verwendet, was selten geschieht, geniert er sich des ältesten Reimes der deutschen Sprache nicht, nur klingt er bei ihm recht schnoddrig: «Ich kann dies feile Fleisch noch nicht verschmerzen: / So tief sitzt die Kanallje mir im Herzen.» Und wenn Brecht sagen will, warum ihn seine Geliebte He. enttäuscht hat, dann greift er doch auf die sonst verpönte Herz-Metapher zurück und konstatiert unmißverständlich: «Ihr Herz war ohne Gedanken.»

Hat also das Herz in unserem Jahrhundert seine Bedeutung für die Literatur eingebüßt? Und hängt das etwa mit der Entwicklung der Medizin und ihrer technischen Hilfsmittel zusammen? Das Gegenteil trifft zu. Im «Zauberberg» wird Joachim Ziemßens Oberkörper durchleuchtet. Hans Castorp darf zuschauen: Seine «Aufmerksamkeit war in Anspruch genommen von etwas Sackartigem, ungestalt Tierischem, dunkel hinter dem Mittelstamme Sichtbarem, und zwar größtenteils zur Rechten, vom Beschauer aus gesehen – das sich gleichmäßig ausdehnte und wieder zusammenzog, ein wenig nach Art einer rudernden Qualle ... Großer Gott, es war das Herz, Joachims ehrliebendes Herz, was Hans Castorp sah!»

Auch die modernen Lyriker sehen dank der Röntgenstrahlen das Herz anders als bisher. Einige Jahre nach dem «Zauberberg» publiziert Erich Kästner das Gedicht «Das Herz im Spiegel». Hier wird weder verklärt noch poetisiert, hier herrscht vielmehr der kühle und nüchterne, doch keineswegs gefühllose Ton der Neuen Sachlichkeit. Ein Mann wird durchleuchtet, er erblickt auf dem Bildschirm ein «schattenhaftes Gewächs»: «Das war mein Herz! Es glich aufs Haar / einem zuckenden Tintenklecks.» Der Mann erlebt einen Schock: «Das war mein Herz, das dir gehört, / geliebte Hildegard!» Und das Fazit des Kästner-Gedichts:

Kind, das Vernünftigste wird sein,
daß du mich rasch vergißt.
Weil so ein Herz wie meines kein
Geschenkartikel ist.

Die Röntgendurchleuchtungen und die Elektrokardiogramme, die Herzoperationen und die Herzverpflanzungen haben der Symbolik des Herzens nichts anhaben können, ja sie haben der Literatur neue Motive und Themen geliefert. Schon vor einem halben Jahrhundert hat der Romancier Ernst Weiß, der von Beruf Arzt war, in seiner Erzählung «Die Herznaht» meisterhaft eine Herzoperation geschildert.

Immer noch glauben die Menschen an die geheimen Kräfte des Herzens. Auch die Dichter unserer Zeit brauchen das Herzsymbol, das uralte Zeichen der Liebe. Die ominöse und sentimentale und eben doch nicht ersetzbare Vokabel taucht nach wie vor in den Titeln zahlloser Lyriksammlungen, Romane und Erzählungen auf. Von den vielen Beispielen, die man hier anführen könnte, sei nur eines genannt: Der erfolgreichste Gedichtband der letzten Jahre variiert im Titel die traditionsreiche Alternative. Ich meine Ulla Hahns Debüt «Herz über Kopf». Nach 1945 zeigte sich auch, daß man mit dem Herzen sogar das politische Bekenntnis wirkungsvoll andeuten kann. «Links, wo das Herz ist», der Titel der 1952 erschienenen Autobiographie von Leonhard Frank, wird bis heute gern und oft nachgeahmt.

Nein, es ist nicht schlecht um das Herz bestellt. Schlimm ist es erst dann, wenn man von ihm nicht mehr in Bildern und Metaphern spricht, wenn es nur noch auf seine mechanischen Bewegungen ankommt, auf seinen bloßen Rhythmus. «In solcher Stunde» – schrieb Alfred Polgar – «ist wenig Poesie mehr um das arme Ding, da wird furchtbar gleichgültig, wofür es schlägt, wenn es nur schlägt . . .» Ja, in solcher Stunde haben die Dichter zu schweigen. Das Wort haben dann nur noch die Mediziner.

Biographische Notiz

Marcel Reich-Ranicki wurde am 2. Juni 1920 in Wloclawek an der Weichsel geboren, einer polnischen Kleinstadt, in deren unmittelbarer Nachbarschaft die deutsch-russische Grenze bis zum Ende des Ersten Weltkriegs verlief. Sein Vater, David Reich, stammte aus dem russischen Teil Polens, seine Mutter, Helene, geborene Auerbach, aus Preußen. Die Vorfahren waren väterlicherseits Kaufleute und mütterlicherseits Rabbiner.

In Wloclawek besuchte Reich-Ranicki eine deutsche Volksschule. 1929 siedelte die Familie nach Berlin um. Er war Schüler zunächst des Werner-Siemens-Gymnasiums in Berlin-Schöneberg und dann des Fichte-Gymnasiums in Berlin-Wilmersdorf. Kurz nach dem Abitur wurde er (im Herbst 1938) verhaftet und nach Polen deportiert.

Er lebte in Warschau und ab 1940 im Warschauer Getto, in dessen Verwaltung, dem «Judenrat», er als Übersetzer und Dolmetscher tätig war. Nachdem er Anfang 1943 an einer Widerstandsaktion der Jüdischen Kampforganisation (ŻOB) teilgenommen hatte, gelang ihm zusammen mit Teofila, geborene Langnas, mit der er seit 1942 verheiratet ist, die Flucht aus dem Getto. Von nun an hielten sie sich in Warschau im Untergrund verborgen. Sein 1973 erschienenes Buch *Über Ruhestörer – Juden in der deutschen Literatur* widmete Reich-Ranicki «dem Andenken jener, die von Deutschen ermordet wurden, weil sie Juden waren. Zu ihnen gehören mein Vater David Reich, meine Mutter Helene, geb. Auerbach, und mein Bruder Alexander Herbert Reich.»

Nach Kriegsschluß blieb Reich-Ranicki in Warschau. Er trat der Kommunistischen Partei Polens bei. 1946 arbeitete er in der Polnischen Militärmission in Berlin und 1947 im Polnischen Außenministerium in Warschau. In den Jahren 1948 und 1949 war er Konsul und Leiter des Generalkonsulats der Republik Polen in London. Ende 1949 bat er aus politischen Gründen um seine Abberufung aus London. Er kehrte nach Warschau zurück, wurde fristlos aus dem Auswärtigen Dienst entlassen, aus der Kommunistischen Partei ausgeschlossen

(Begründung: «ideologische Entfremdung»), inhaftiert und einige Wochen in einer Einzelzelle gefangengehalten.
In den Jahren 1950 und 1951 war Reich-Ranicki Verlagslektor: Er gründete und leitete im Verlag des Ministeriums der Nationalen Verteidigung eine Abteilung für deutschsprachige Belletristik. Ende 1951 verließ er diesen Verlag und lebte jetzt in Warschau als freier Schriftsteller. Doch von Anfang 1953 an durfte er nichts mehr veröffentlichen: Das von dem Zentralkomitee der Kommunistischen Partei gegen ihn erlassene generelle Publikationsverbot wurde erst während des «Tauwetters», Ende 1954, wieder aufgehoben.
In diesen Jahren befaßte sich Reich-Ranicki mit der deutschen Literatur der Gegenwart und der Vergangenheit. Seine Kritiken und Essays erschienen in allen wichtigeren polnischen Zeitschriften und Zeitungen (vor allem in der Monatsschrift *Twòrczosc* und in der Wochenzeitung *Nowa Kultura*) und gelegentlich auch in den Zeitschriften der DDR (so in der *Neuen Deutschen Literatur*). Überdies verfaßte er ein Buch mit dem Titel *Aus der Geschichte der deutschen Literatur 1871–1954* (Warschau 1955) und eine Monographie über *Die Epik der Anna Seghers* (Warschau 1957), schrieb kritische Einleitungen und Nachworte zu polnischen Ausgaben einzelner Werke von Goethe, Fontane, Storm, Raabe, Heinrich Mann, Hesse, Kellermann, Leonhard Frank und anderen und gab eine polnische Anthologie deutscher Exil-Prosa aus der Zeit von 1933 bis 1945 heraus (*Der Weg durch die Dämmerung*, Warschau 1951). Ferner übersetzte er (zusammen mit Andrzej Wirth) Kafkas *Schloß* (in der Bühnenfassung von Max Brod) und Dürrenmatts *Besuch der alten Dame.*
Im Sommer 1958 besuchte Reich-Ranicki zu Studienzwecken die Bundesrepublik und kehrte von dieser Reise nicht mehr nach Polen zurück. Er wohnte bis 1959 in Frankfurt, dann bis Ende 1973 in Hamburg und lebt seitdem wieder in Frankfurt. Nachdem er zuerst für die *Frankfurter Allgemeine Zeitung* und *Die Welt* gearbeitet hatte, war er von 1960 bis 1973 ständiger Literaturkritiker der Wochenzeitung *Die Zeit.* Am 1. Dezember 1973 trat er in die Redaktion der *Frankfurter Allgemeinen Zeitung* ein, in der er als

leitender Redakteur für Literatur und literarisches Leben zuständig ist.
Von 1965 bis 1972 war Reich-Ranicki Mitarbeiter der *Encyclopaedia Britannica,* von 1958 bis 1967 nahm er an den Tagungen der *Gruppe 47* teil, von 1977 bis 1986 war er Sprecher der Jury des Klagenfurter Wettbewerbs um den Ingeborg-Bachmann-Preis. Vortragsreisen führten ihn in die USA, nach Kanada, Israel, China, Australien, Neuseeland und in zahlreiche europäische Länder. 1968 war er Gastprofessor für deutsche Literatur des 20. Jahrhunderts an der Washington University in St. Louis (USA) und 1969 am Middlebury College (USA). Von 1971 bis 1975 lehrte er als ständiger Gastprofessor für Neue Deutsche Literatur an den Universitäten Stockholm und Uppsala. Seit 1974 ist er Honorarprofessor an der Universität Tübingen.
1972 hat ihm die Universität Uppsala die Ehrendoktorwürde verliehen, 1976 wurde er als ein «bedeutender Literaturkritiker, der die Literatur und die Literaturkritik maßgeblich gefördert hat», mit der Heine-Plakette ausgezeichnet. 1981 erhielt Reich-Ranicki, «der mit Leidenschaft und Verantwortung für die Literatur des gesamten deutschsprachigen Raums eintritt», den Ricarda-Huch-Preis. 1983 ehrte ihn die Akademie der Wissenschaften und der Literatur in Mainz mit der Wilhelm-Heinse-Medaille: Sie würdigte damit «einen Kritiker und Essayisten, der seit einem Vierteljahrhundert das literarische Leben in Deutschland maßgebend» beeinflusse und dessen Schaffen «dem ebenso grandiosen wie utopischen Versuch» gelte, «Literatur zu einer öffentlichen Sache zu machen». 1984 hat die Stadt Frankfurt am Main Reich-Ranicki «als herausragende Persönlichkeit des literarischen Lebens» mit der Goethe-Plakette ausgezeichnet. 1986 wurde ihm in Anerkennung seiner besonderen Verdienste als Literaturkritiker der Wochenzeitung *Die Zeit* und als Leiter des Literaturteils der *Frankfurter Allgemeinen Zeitung* das Große Verdienstkreuz des Verdienstordens der Bundesrepublik Deutschland verliehen. 1987 hat man Reich-Ranicki, «den anerkannten und umstrittenen Kritiker, der Lob und Verriß gleich wortgewaltig verkündet», mit dem Thomas-Mann-Preis geehrt.

Bibliographie der Arbeiten Marcel Reich-Ranickis

1. Selbständige Buchveröffentlichungen

Deutsche Literatur in West und Ost. Prosa seit 1945. München 1963. – Taschenbuch-Ausgabe: rororo Nr. 1313-1314-1315, Reinbek bei Hamburg 1970. – Neuausgabe: Stuttgart 1983.

Literarisches Leben in Deutschland. Kommentare und Pamphlete. München 1965.

Wer schreibt, provoziert. Kommentare und Pamphlete. dtv Nr. 384, München 1965.

Literatur der kleinen Schritte. Deutsche Schriftsteller heute. München 1967. – Erweiterte Taschenbuch-Ausgabe: Ullstein Buch Nr. 2867, Frankfurt/M.-Berlin-Wien 1971.

Die Ungeliebten. Sieben Emigranten. Opuscula Nr. 39, Pfullingen 1968.

Deutsche Literatur heute. (Auswahlband für den Bertelsmann Lesering). Gütersloh o.J. (1969).

Lauter Verrisse. Mit einem einleitenden Essay. München 1970. – Erweiterte Taschenbuch-Ausgabe: Ullstein Buch Nr. 3009, Frankfurt/M.-Berlin-Wien 1973. – Erweiterte Neuausgabe: Stuttgart 1984.

Über Ruhestörer. Juden in der deutschen Literatur. Serie Piper Nr. 48, München 1973. – Erweiterte Taschenbuch-Ausgabe: Ullstein Buch Nr. 3335, Frankfurt/M.-Berlin-Wien 1977.

Zur Literatur der DDR. Serie Piper Nr. 94, München 1974.

Nachprüfung. Aufsätze über deutsche Schriftsteller von gestern. München 1977. – Erweiterte Neuausgabe: Stuttgart 1980. – Taschenbuch-Ausgabe: dtv Nr. 10226, München 1984.

Entgegnung. Zur deutschen Literatur der siebziger Jahre. Stuttgart 1979. – Erweiterte Neuausgabe: Stuttgart 1981. – Taschenbuch-Ausgabe: dtv Nr. 10018, München 1982.

Betrifft Goethe. (Zusammen mit der Rede des Kanzlers Friedrich von Müller von 1832.) Zürich und München 1982.

Nichts als Literatur. Aufsätze und Anmerkungen. Reclams Universal-Bibliothek 8076, Stuttgart 1985.

Lauter Lobreden. Stuttgart 1985.

Mehr als ein Dichter. Über Heinrich Böll. KiWi Nr. 109. Köln 1986.

Thomas Mann und die Seinen. Stuttgart 1987.

Zwischen Diktatur und Literatur. Marcel Reich-Ranicki im Gespräch mit Joachim Fest. Fischer Taschenbuch Nr. 4606, Frankfurt/M. 1987.

2. Herausgegebene Bücher

Auch dort erzählt Deutschland. Prosa von «drüben». List-Bücher Nr. 170, München 1960.

Sechzehn Polnische Erzähler. rororo Nr. 524-525, Reinbek bei Hamburg 1962.

Erfundene Wahrheit. Deutsche Geschichten seit 1945. München 1965.

Notwendige Geschichten 1933–1945. München 1967. – Taschenbuch-Ausgabe: dtv Nr. 1528, München 1980.

In Sachen Böll. Ansichten und Einsichten. Köln 1968. Dritte erweiterte Auflage: Köln 1968. – Taschenbuch-Ausgabe: dtv Nr. 730, München 1971.

Gesichtete Zeit. Deutsche Geschichten 1918–1933. München 1969. – Taschenbuch-Ausgabe: dtv Nr. 1527, München 1980.

Anbruch der Gegenwart. Deutsche Geschichten 1900–1918. München 1971. – Taschenbuch-Ausgabe: dtv Nr. 1526, München 1980.

Erfundene Wahrheit. Deutsche Geschichten 1945–1960 (Veränderte Neuauflage). München 1972. – Taschenbuch-Ausgabe: dtv Nr. 1529, München 1980.

Verteidigung der Zukunft. Deutsche Geschichten seit 1960.

München 1972. – Taschenbuch-Ausgabe: Deutsche Geschichten 1960–1980. dtv Nr. 1530, München 1980.
Frankfurter Anthologie. Gedichte und Interpretationen. (Bisher 10 Bände). Frankfurt/M. 1976–1986.
Ludwig Börne: *Spiegelbild des Lebens.* Aufsätze über Literatur. suhrkamp taschenbuch 408, Frankfurt/M. 1977.
Klagenfurter Texte zum Ingeborg-Bachmann-Preis 1977, 1978, 1979, 1980, 1981, 1982 (6 Bände). (Mitherausgeber: Humbert Fink und Ernst Willner.) München 1977–1982.
Wolfgang Koeppen: *Die elenden Skribenten.* Aufsätze. Frankfurt/M. 1981. – Taschenbuch-Ausgabe: suhrkamp taschenbuch 1008, Frankfurt/M. 1984.
Meine Schulzeit im Dritten Reich. Erinnerungen deutscher Schriftsteller. Köln 1982. – Taschenbuch-Ausgabe: dtv Nr. 10328, München 1984.
Alfred Polgar: *Kleine Schriften.* Band 1, «Musterung». Reinbek bei Hamburg 1982. Band 2 «Kreislauf». Reinbek bei Hamburg 1983. Band 3 «Irrlicht». Reinbek bei Hamburg 1984. Band 4 «Literatur». Reinbek bei Hamburg 1984. Band 5 «Theater I». Reinbek bei Hamburg 1985. Band 6 «Theater II». Reinbek bei Hamburg 1986.
Klagenfurter Texte zum Ingeborg-Bachmann-Preis 1983, 1984, 1985, 1986. (Mitherausgeber: Humbert Fink). München 1983–1986.
Hundert Gedichte werden vorgestellt. Eine zeitgenössische Auswahl aus der Frankfurter Anthologie. Gütersloh o.J. (1983).
Deutsche Erzählungen des 20. Jahrhunderts. Stuttgart o.J. (1983).
Über die Liebe. Gedichte und Interpretationen aus der *Frankfurter Anthologie.* Insel Taschenbuch 794, Frankfurt/M. 1985.
Wolfgang Koeppen: *Gesammelte Werke.* 6 Bände. Frankfurt/M. 1986.
Was halten Sie von Thomas Mann? Achtzehn Autoren antworten. Fischer Taschenbuch 5464. Frankfurt/M. 1986.
Erzählte Gegenwart. Zehn Jahre Ingeborg-Bachmann-Preis. München 1986.
Johann Wolfgang von Goethe. *Alle Freuden, die unendlichen.* Liebesgedichte und Interpretationen. Insel-Bücherei Nr. 1028. Frankfurt/M. 1987.

Bildernachweis:

Originale und Photovorlagen:
Schiller Nationalmuseum, Marbach

Umschlagbild:
Blue Nude I, Henri Matisse, Collage, 1952